Analyse de l'œuvre

Par Jeremy Lambert

La Fin de l'homme rouge

de Svetlana Alexievitch

lePetitLittéraire.fr

Rendez-vous sur lepetitlitteraire.fr et découvrez :

Plus de 1200 analyses
Claires et synthétiques
Téléchargeables en 30 secondes
À imprimer chez soi

SVETLANA ALEXIEVITCH

UNE PLUME À L'ÉCOUTE DES ANONYMES

- **Née en 1948 à Ivano-Frankivsk (Ukraine)**
- **Quelques-unes de ses œuvres :**
  - *Les Cercueils de zinc* (1991), recueil de témoignages
  - *Ensorcelés par la mort* (1995), recueil de témoignages
  - *La Supplication. Tchernobyl, chronique du monde après l'apocalypse* (1999), recueil de témoignages

Née en Ukraine quelques années après la fin de la Seconde Guerre mondiale (1939-1945), Svetlana Alexievitch s'installe rapidement en Biélorussie avec sa famille. À Minsk, elle suit des études de journalisme, qu'elle termine en 1974. Elle travaille alors pour plusieurs revues et journaux biélorusses durant les années soixante-dix et quatre-vingt. Elle entre à l'Union des écrivains soviétiques en 1983.

Dans ses livres, qu'elle écrit en russe, elle collecte les récits et ne cache pas son implication sociale dans la société communiste de l'époque. Cela ne l'empêche pas d'être plus d'une fois victime de la censure, qu'elle doit à sa critique virulente des politiques biélorusse, ukrainienne et russe. Après s'être installée quelque temps à l'étranger, elle décide de revenir vivre en Biélorussie.

Elle reçoit le prix Nobel de littérature en 2015.

LA FIN DE L'HOMME ROUGE

MOSAÏQUE DE TÉMOIGNAGES SUR UN EMPIRE DISPARU

- **Genre :** recueil de témoignages
- **Édition de référence :** *La Fin de l'homme rouge ou le Temps du désenchantement*, traduit du russe par Sophie Benech, Arles, Actes Sud, 2013, 544 p.
- **1re édition :** 2013
- **Thématiques :** Union soviétique, communisme, transition politique, capitalisme, Histoire de Russie

Ce recueil de témoignages dont l'auteure se fait le réceptacle consciencieux donne une image variée, composite et élaborée de la transformation politique que connait la société russe durant les deux décennies qui ont suivi la chute de l'URSS en 1991, au gré des mutations économiques, des guerres civiles dans les républiques périphériques ou de la perte de repères culturels. La force de l'ouvrage réside en ceci que l'auteure n'aborde pas ces questions frontalement, mais toujours par le truchement de questions privées sur les histoires d'amour, les souvenirs familiaux ou les biographies de ses interlocuteurs.

UNE STRUCTURE AXÉE SUR LA POLITIQUE

La Fin de l'homme rouge est un recueil de témoignages ayant pour thème la période qui suit la mise en place de la Fédération de Russie en 1991. Il est sous-titré « Le Temps du désenchantement », ce qui renvoie à la perte de repères d'une population extrêmement diversifiée sur le plan social comme sur les plans ethnique et culturel, forcée durant des décennies de vivre dans une même réalité dominée par un État totalitaire forgeant ses mythes unificateurs (puissance politique, armée imbattable, conquête de l'espace, etc.) et mobilisant ses symboles d'inclusion (jeunesses communistes, engagement dans le parti, colonisation, etc.), qui découvre soudainement un système politique, économique et social inédit.

Ces témoignages s'étalent sur deux décennies, de 1991 à 2012, et sont divisés en deux parties :

* la première s'intitule **« La Consolation par l'apocalypse »**. Les témoignages qui s'y trouvent sont recueillis entre 1991 et 2001, c'est-à-dire au cours de la période durant laquelle Boris Eltsine (1931-2007) est président de la Fédération de Russie. À cette époque, le capitalisme le plus sauvage se déploie dans cette partie du monde, favorisant par là l'apparition des oligarques, ces spéculateurs devenus très rapidement milliardaires en accaparant des pans entiers de l'économie nationale, bien souvent par des méthodes contestables. C'est aussi le moment du ré-

trécissement de la superficie de la Fédération de Russie, qui doit faire face à la défection de nombreuses régions exigeant leur indépendance (Arménie, Azerbaïdjan, Géorgie, Tchétchénie, pays Baltes, Ukraine, Biélorussie, etc.). Les témoignages recueillis expriment des opinions diverses sur ces sujets, en fonction du statut social et de la nationalité de leur auteur.

- la seconde partie, intitulée **« La Fascination du vide »**, concerne les années 2002-2012, marquées par l'hyperprésidence de Vladimir Poutine (né en 1952), la lutte contre l'oligarchie indépendante du pouvoir, les suites de la guerre en Tchétchénie, l'indépendance des républiques périphériques et la paupérisation de la population, qui ne peut plus compter sur l'État pour subventionner le quotidien. Ici encore, les témoignages touchent de différentes manières à ces questions, avec un élan nostalgique plus palpable que dans ceux datant de la décennie précédente.

Chacune de ces parties comporte dix récits – que l'auteure appelle « histoires » (p. 53 et 353) – dont le titre commence invariablement par les mots « Où il est question de… ». Les deux parties sont précédées de fragments de témoignages tirés « des bruits de la rue et des conversations de cuisine » : il s'agit d'une suite d'énoncés anonymes sans mise en contexte (le lecteur n'a connaissance que de la décennie durant laquelle ils ont été récoltés). L'ensemble de ces énoncés donne une image globale et multilatérale de la situation sociopolitique dans laquelle il s'agit de comprendre les dix histoires qui suivent. Le livre comporte en outre des repères chronologiques et une introduction intitulée « Remarques d'une complice », précisant le point de vue de l'auteure.

La méthode de collecte des témoignages est à peine esquissée : on apprend simplement qu'il s'agit de relevés de conversations enregistrées ou retranscrites. Les courts commentaires de l'auteure, semblables à des didascalies écrites en italiques dans le texte, indiquent que Svetlana Alexievitch rencontre ces personnes tant à l'étranger qu'en Russie, tant à Moscou qu'en province. La gamme de ses interlocuteurs est très large, d'âges et de milieux socio-professionnels divers. Par exemple : « Éléna Iourevna S., troisième secrétaire du comité régional du Parti, 49 ans » (p. 55) ; « Timérian Zinatov, ancien combattant, 77 ans » (p. 222) ; « Ravchan, travailleur immigré, 27 ans, et Gafkhar Djouraïevna, présidente de la fondation Tadjikistan à Moscou » (p. 451). Les « histoires » ont toutes la forme d'un monologue, ce qui signifie que les questions posées par l'écrivaine ne sont pas retranscrites.

UNE MOSAÏQUE DE POINTS DE VUE

Ensemble, ces voix forment une mosaïque donnant un éclairage nuancé sur la transformation d'une société aux prises avec l'un des plus grands phénomènes politique du XXe siècle, le socialisme. La diversité des témoignages donne une idée générale de la société postsoviétique, composée de grands déçus comme de personnes qui ont tiré leur épingle du jeu. Souvent, les déboires personnels s'assortissent de réflexions sur la nature de l'État, sur ce qui était mieux avant et ce qui s'est dégradé dans la société actuelle, ainsi que de considérations générales sur la vie humaine. Dans l'en-semble, peu d'« histoires » évoquent une évolution positive de la société postsoviétique. Les éléments positifs existent, mais ils sont noyés dans une rhétorique de la souffrance omniprésente.

Ainsi, la thématique prédominante est celle de la souffrance. Les différents témoins l'évoquent selon des modalités qui leur sont propres :

- emprisonnement, déportation ou mort d'un proche à l'époque stalinienne (1929-1953) ;
- peines de cœur ;
- différence des mentalités (notamment entre un parent élevé à l'époque soviétique et l'enfant qui a grandi après la chute de l'URSS) ;
- déboires liés à l'origine ethnique ;
- problèmes sociétaux tels que l'alcoolisme ou l'extrême pauvreté ;
- etc.

De ces petites biographies parcellaires se dégagent des éléments récurrents qui rendent compte de la société soviétique dans son ensemble, de la transition opérée et du système libéral qui l'a suivie. Chaque témoin ajoute à cette image des fragments de sa vie quotidienne, sa perception des faits, son ressenti ou ses émotions. Le tableau ainsi formé est bien sûr paradoxal, car les opinions ne sont pas unilatérales ; c'est également un tableau incomplet, à cause des choix opérés par l'auteure dans la sélection de ses sujets. Ce recueil est néanmoins une œuvre d'une grande force, tant par le thème traité que par la forme que lui donne Svetlana Alexievitch et l'harmonie qui s'en dégage.

ÉCLAIRAGES

HISTOIRE DE L'URSS

Le moment fondateur de l'Union des républiques socialistes soviétiques (URSS) est la révolution bolchévique d'Octobre 1917. Le nouvel État ainsi créé, officiellement institué le 30 décembre 1922, prend la forme d'une fédération de républiques – déterminées selon un facteur ethnique – jouissant chacune d'une autonomie relative. L'activité économique, sociale, militaire, culturelle, etc., est définie par le Parti communiste (PCUS), censé représenter le peuple travailleur – classe sociale victorieuse de la marche de l'Histoire – à travers l'action de son Bureau politique (Politburo) et avec l'aide de la police politique (Tchéka, devenue par la suite le NKVD). Le premier dirigeant de l'URSS est Lénine, surnom de Vladimir Ilitch Oulianov (1870-1924). Staline, Joseph Vissarionovitch Djougachvili de son vrai nom (1878-1953), lui succède à sa mort, après avoir évincé son principal rival, Lev Davidovitch Bronstein, dit Trotski (1879-1940).

Staline s'impose ainsi comme le continuateur naturel de la politique de Lénine puis comme son seul exégète autorisé. Il élimine méthodiquement toutes les personnes soupçonnées de s'opposer à sa politique, tant au sein du parti que dans la société civile. Sous son règne dictatorial, la terreur, qui s'était élevée en système depuis les premiers jours de l'URSS, s'accroit encore.

D'abord alliée de l'Allemagne au début de la Seconde Guerre mondiale, l'URSS se voit attaquée par elle en juin 1941.

Le siège de Stalingrad (juillet 1942-février 1943) par les Allemands, l'un des plus sanglants de l'Histoire, se termine par la victoire soviétique : il marque le début de la controffensive de l'Armée rouge, qui la mène bientôt jusqu'à Berlin. Allié indispensable des Occidentaux dans la lutte contre le fascisme, Staline est alors en mesure d'imposer sa mainmise sur une grande partie de l'Europe centrale et orientale.

Le dictateur meurt en 1953. La vacance du pouvoir qui s'ensuit permet à la figure de Nikita Sergueïevitch Khrouchtchev (1894-1971) de s'imposer. En 1956, lors du XXe Congrès du PCUS, ce dernier critique ouvertement le culte de la personnalité mis en place par son prédécesseur : c'est le début du Dégel, c'est-à-dire de l'assouplissement relatif des conditions de vie. Parallèlement, la guerre froide (1945-1990) qui oppose l'URSS aux États-Unis depuis la fin de la Seconde Guerre mondiale s'envenime.

Khrouchtchev est limogé au profit de Leonid Ilitch Brejnev (1906-1982) au début des années soixante. Les deux décennies qui suivent sont des années de plomb sur les plans économique et culturel. Malgré cela, Brejnev théorise l'idée que l'URSS est devenue l'exemple type du socialisme réel, légitimant ainsi le processus historique qui l'y a mené – donc le stalinisme. En 1979, l'URSS lance une grande guerre en Afghanistan, guerre qui se révèlera particulièrement fastidieuse pour les troupes soviétiques.

Après plusieurs changements à la tête de l'État au début des années quatre-vingt, Mikhaïl Sergueïevitch Gorbatchev (né en 1931) devient secrétaire général du PCUS en 1985. Il établit une série de réformes (la pérestroïka) telles que la relance de l'économie privée à petite échelle, l'acceptation d'un certain pluralisme politique (sans toutefois rejeter l'idée du rôle directeur du PCUS), la conclusion d'accords avec les États-Unis, etc.

LA TRANSITION DÉMOCRATIQUE

Après la chute du mur de Berlin en novembre 1989 et l'effondrement des systèmes communistes en Europe centrale et orientale, l'URSS tente de résister en développant ses réformes systémiques. En aout 1991 cependant, une partie de la frange dure du PCUS profite de l'absence de Gorbatchev, en vacances en Crimée, pour opérer un coup d'État. Mais, rapidement, la rue manifeste contre ce durcissement, l'armée se rallie à elle, et le putsch est écarté. Gorbatchev revient au pouvoir, mais ne peut empêcher la dissolution du PCUS, évènement qui marque la fin de l'URSS.

Eltsine est alors élu président de la Fédération de Russie nouvellement créée. Plusieurs républiques font sécession, notamment l'Arménie, l'Azerbaïdjan et la Géorgie, trois États dans lesquels éclatent aussitôt des conflits territoriaux. En 1994 débute la première guerre de Tchétchénie, région riche en pétrole dont Moscou refuse de se priver. Clos en 1995, ce conflit meurtrier reprendra pourtant en 1999. En outre, durant cette dernière décennie du XXe siècle, l'inflation est gigantesque dans les anciennes républiques soviétiques. Les privatisations vont bon train. Le chômage, jusque-là inconnu, devient courant. Les entreprises – en mal de liquidités – paient leurs employés en produits manufacturés. Les oligarques s'approprient des pans entiers de l'économie russe.

Eltsine, désavoué, démissionne du pouvoir en décembre 1999 au profit de Poutine qui, après deux mandats présidentiels, devient Premier ministre, puis à nouveau président à partir de 2012. Sous son administration, les contestations sont muselées et la société étroitement surveillée. Les oligarques opposés au pouvoir sont souvent inquiétés, permettant à l'État de récupérer de nombreux monopoles sur l'économie du pays. En parallèle, la seconde guerre de Tchétchénie et les évènements terroristes qui l'accompagnent développent un grand traumatisme dans le chef de la société russe.

CLÉS DE LECTURE

LA DÉMARCHE DE SVETLANA ALEXIEVITCH

La démarche de l'auteure nous est dévoilée dès les premières pages du livre : « Je m'efforce d'écouter honnêtement tous ceux qui ont participé au drame socialiste... » (p. 17) L'écrivaine ne cache pas son mépris pour le système politique liberticide dans lequel elle a grandi et aux rouages duquel elle a participé (elle a notamment été membre des mouvements de jeunesse socialistes, puis de l'Union des écrivains soviétiques). Il n'est donc pas étonnant qu'en évoquant l'« *homo sovieticus* », ce type d'homme nouveau, né de la volonté d'un système qui le dépasse, elle s'assimile à lui. Cette idée est exprimée dès l'introduction et répétée par la suite dans les courts commentaires en italiques qui précèdent ou suivent les témoignages : « Lorsque j'ai entendu quelqu'un, à l'intérieur, entonner notre chanson soviétique préférée *Les Soirs de Moscou*, je n'en ai pas cru mes oreilles. En retournant dans le salon, je les ai tous trouvés en train de chanter. Et j'ai chanté avec eux. » (p. 450) À aucun moment l'auteure ne se positionne en étrangère, en personne extérieure à l'univers qu'elle tente d'appréhender :

> « Nous, les gens du socialisme, nous sommes pareils à tous les autres, et nous ne sommes pas pareils, nous avons notre lexique à nous, notre propre conception du bien et du mal, des héros et des martyrs. Nous avons un rapport particulier à la mort. » (p. 17)

Si elle consigne avec soin les témoignages de ses contemporains, la démarche de Svetlana Alexievitch est toutefois déterminée par une sensibilité d'écrivaine : « Moi, je regarde le monde avec les yeux d'une littéraire et non d'une historienne. Je suis étonnée par l'être humain... » (p. 22) En revanche, elle concède volontiers que son travail est un travail de mémoire, semblable à celui d'une historienne, mais « une historienne au sang froid, et non une historienne brandissant un flambeau allumé » (p. 93), exprimant par là l'idée qu'elle ne soumet pas son jugement à une thèse préalable.

Ce sont les détails de la vie quotidienne qui intéressent l'auteure, c'est à travers eux qu'elle envisage l'homme soviétique. Aux personnes qu'elle interviewe, qu'elle appelle ses « héros » (p. 438), elle « pose des questions non sur le socialisme, mais sur l'amour, la jalousie, l'enfance, la vieillesse. Sur la musique, les danses, les coupes de cheveux. Sur les milliers de détails d'une vie qui a disparu » (p. 21). Généralement, ces récits s'orientent vers un sujet prédominant, la souffrance : « Je tourne, je n'en finis pas d'explorer les cercles de la souffrance. Je n'arrive pas à m'en arracher » (p. 407), avoue-t-elle.

L'*HOMO SOVIETICUS* ET LE MONDE RELATIF

Svetlana Alexievitch, dès les premières pages de son ouvrage, indique qu'elle désire s'intéresser à ce qui fit « l'*homo sovieticus* ». Popularisé dans les années quatre-vingt par le sociologue soviétique Alexandre Alexandrovitch Zinoviev (1922-2006), ce terme à la connotation largement négative désigne le citoyen soviétique. Il renvoie à un certain contentement par le bas, à une inertie du citoyen désintéressé tant par son travail que par les fruits de celui-ci, incapable de prendre soin du bien commun, rejetant toute responsabilité personnelle et acceptant passivement les commandements venus d'en haut. Dès le début, l'auteure insiste sur ce point : « Le communisme avait un projet insensé : transformer l'homme "ancien", le vieil Adam. Et cela a marché... C'est peut-être la seule chose qui ait marché. » (p. 17) Pour Svetlana Alexievitch, l'*homo sovieticus* est le seul élément fécond de la réalité soviétique.

Très vite, elle en souligne le paradoxe : « Les gens ne se ren-daient pas compte de leur esclavage et même, ils l'aimaient, cet esclavage. » (p. 19) Ce paradoxe est à la base d'une vision du monde particulière, ancrée dans la souffrance systéma-tisée mais refusant le paradigme matérialiste de l'Occident. L'*homo sovieticus* n'a rien, mais il est entouré de semblables qui eux non plus n'ont rien. Mais surtout, il est l'égal des autres dans leur souffrance commune ; tous vivent dans la même réalité morne et vulgaire et sont peu au fait de ce qui se passe ailleurs dans le monde, concept d'ailleurs un peu flou dans le plus grand pays de la planète.

Lors de la transition vers le capitalisme, ce n'est pas le changement radical qui est au cœur des aspirations, mais bien le développement, la modification ou l'évolution. La pérestroïka, le cycle de réformes lentes prévues par Gorbatchev, vient le prouver. « La plupart des gens n'étaient pas antisoviétiques, tout ce qu'ils voulaient, c'était avoir une vie meilleure », dit un anonyme à l'auteure (p. 33), ce en quoi cette dernière abonde : elle affirme que si telle femme rencontrée se sentait libre à l'époque du changement de régime, « les gens comme elle étaient peu nombreux. Il y en avait davantage qui étaient agacés par la liberté. » (p. 21) Cette position médiane, entre volonté de développement et répétition du même, impose un relativisme violent, basé sur l'acceptation servile des conditions de vie souvent inhumaines et sur l'idée qu'il ne peut pas en aller autrement. Un exemple est frappant :

> « Oncle Vania est revenu [des camps]... Sans dents, avec une main desséchée et un foie hypertrophié. Il a recommencé à travailler dans son usine, au même poste [...]. Et celui qui l'avait dénoncé était assis en face de lui. Tout le monde le savait, et oncle Vania le savait aussi... [...] C'était notre vie. Elle était comme ça ! Nous sommes comme ça... » (p. 321)

Ce relativisme est exprimé par une autre personne sous la forme d'un aphorisme : « La vérité des hommes est un clou auquel tout le monde accroche son chapeau... » (p. 147)

C'est à travers ce va-et-vient constant entre résistance et aliénation qu'il faut concevoir toutes les histoires présentées dans *La Fin de l'homme rouge*. Toute la complexité de la transformation de la société soviétique s'y inscrit.

LA SOCIÉTÉ EN TRANSFORMATION

Pour parler de leur existence actuelle, qu'ils comparent à leur vie sous le communisme, ce sont des éléments de la vie quotidienne disparus ou en plein développement que les interlocuteurs de Svetlana Alexievitch mettent en avant. À travers ces éléments pointe une dichotomie récurrente, celle de l'argent omniprésent contre l'idéal perdu :

> « Ce pays m'est étranger. Complètement étranger ! Avant, quand on se réunissait entre amis, on discutait de livres, de spectacles… Maintenant, on parle de ce qu'on a acheté. Du cours des devises. » (p. 313)

> « Vous voulez vous remplir le ventre et vous entourer de bibelots minables. […] Tout ce que vous avez, c'est nous qui l'avons construit. Les usines, les barrages, les centrales électriques… Et vous, vous avez fait quoi ? Nous, on a vaincu Hitler. » (p. 218-219)

> « Mon petit frère lavait des voitures après l'école, il vendait des chewing-gums et toute sorte de cochonneries dans le métro, et il gagnait davantage que notre père… Lui, c'était un savant. Il était docteur en sciences. L'élite soviétique ! » (p. 194)

Quand il s'agit d'évoquer la période communiste en revanche, c'est la violence, surtout, qui transparait. Mais à côté d'elle, on trouve d'autres éléments :

- le caractère alors unilatéral de la vision du monde distillée par le pouvoir. Ainsi, un témoin anonyme, que l'écrivaine cite pour l'exemple, déclare : « J'ai acheté trois journaux, et chacun raconte sa vérité. Alors où est la vraie vérité ? Avant, le matin, on lisait la *Pravda*, et on savait tout. On comprenait tout. » (p. 21) ;
- l'omniprésence des livres et de la parole des intellectuels : « Des amis […] nous ont passé une édition ronéotypée des *Souvenirs* de Nadiejda Mandelstam, tout le monde était plongé dedans à cette époque. » (p. 187) ;

- les chants patriotiques, les chansons des scouts soviétiques, etc., qui émaillent le texte dès que l'interlocuteur se laisse aller à la nostalgie : « Les tendres rayons du soleil/ Caressent les murs du vieux Kremlin/ Notre grand pays s'éveille/ Dans la douceur du matin... C'est une jolie chanson. Aujourd'hui encore, je la trouve jolie. » (p. 299-300) ;
- les exploits, tels que la victoire sur le fascisme (topique de la Grande Guerre patriotique), la conquête de l'espace et la performance de Iouri Gagarine (1934-1968), le premier homme à aller dans l'espace, le développement de la puissance nucléaire, etc.
- et surtout les cuisines des appartements, symbole suprême de la sécurité et du lieu de l'expression libre : « On passait notre vie dans la cuisine... Le pays tout entier vivait dans sa cuisine. On se rendait visite, on buvait du vin, on écoutait des chansons, on parlait de poésie. Devant une boîte de conserve et des tranches de pain noir. On se sentait bien. » (p. 186)

La période postsoviétique est quant à elle symbolisée par :

- la possibilité d'acheter du saucisson, soumis auparavant aux restrictions : « On rêvait que les magasins allaient regorger de saucissons au prix soviétique, et que les membres du Politburo feraient la queue comme tout le monde pour en acheter... Le saucisson, chez nous, c'est la référence absolue. » (p. 193) ;
- les biens de consommation, ainsi que la violence exercée dans le but de les acquérir : « Notre immeuble est très grand, il y a une vingtaine d'entrées. Tous les matins, on

trouvait un cadavre dans la cour, cela ne nous faisait plus rien. C'était le vrai capitalisme qui commençait. » (p. 46) ;
- l'apparition des théories économiques et des termes tels que *voucher* (bons d'État à valoriser sur des entreprises nationales) et *trader* ;
- le retour de l'Église dans la vie quotidienne : « Tout le monde a commencé à aller à l'église, et elle y est allée elle aussi, elle s'est mise à faire le signe de croix, à observer le carême, mais elle ne croyait qu'au communisme... » (p. 373)

Dans les récits collectés, le moment de la transition est, quant à lui, marqué par l'omniprésence des médias : « Il passait ses journées à lire les journaux. Le matin, il descendait au kiosque, à côté de la maison, avec un énorme cabas. Il écoutait la radio, il regardait la télévision. Sans arrêt. Tout le monde était un peu fou à l'époque. » (p. 262)

LA VIOLENCE

La thématique majeure des témoignages est celle de la souffrance, liée à la violence environnante. À l'époque de l'URSS, le pays est constamment sur le pied de guerre pour se prémunir de ses « ennemis ». La violence se trouve au cœur de la vie soviétique, toujours justifiée par le pouvoir en place, presque normale. Elle prend la forme de la censure et de l'autocensure, de la dénonciation et de la peur d'être dénoncé, etc. Une quantité invraisemblable de citoyens soviétiques est envoyée dans des camps de travail qui essaiment en URSS depuis sa création. Maria Voïtechonok, écrivaine de 57 ans, résume sa vie en ces termes : « La souffrance m'a éduquée... » (p. 277)

Ce qui interpelle un certain nombre de témoins, c'est l'absence de condamnations à la chute de l'URSS. Si un homme d'affaires particulièrement virulent s'écrie que, pour lui, « Staline et Hitler sont à mettre dans le même panier [et qu'il] exige un procès de Nuremberg pour ces fumiers de Rouges » (p. 164), la condamnation de la violence quotidienne est plus compliquée chez les personnes plus modérées ; cela montre à quel point elle était instillée dans les mœurs. Ce passage est particulièrement parlant :

> « Et une question : qui a fait de Staline un Staline ? Le problème de la culpabilité...
> Il faut faire passer en jugement uniquement ceux qui exécutaient, ceux qui torturaient, ou bien :
> et aussi ceux qui dénonçaient...
> ceux qui prenaient les enfants des "ennemis du peuple" à leur famille et qui les envoyaient dans des orphelinats...
> les chauffeurs qui transportaient les gens arrêtés...
> les femmes de ménage qui lavaient par terre après les tortures...
> le directeur des chemins de fer qui envoyait vers le nord des wagons à bestiaux remplis de prisonniers politiques...
> les tailleurs qui cousaient les vestes fourrées des gardiens de camp, les médecins qui soignaient leurs dents, qui leurs faisaient des électrocardiogrammes pour qu'ils supportent mieux leur travail... » (p. 418)

Par contre, la violence née des conflits d'intérêts personnels après la chute de l'URSS éveille une détestation générale ; elle en devient symbolique de l'époque de la transition : « Les "capitalistes" locaux [...] se baladaient dans les rues

entourés de toute une suite d'artilleurs » (p. 400) ; « Ils
pillent tout... Ils mettent la Russie en pièces... » (p. 481)

LA NOSTALGIE D'UNE GRANDE RUSSIE

Le paradoxe le plus sensible qui émane de l'ensemble des
récits est la nostalgie de la grandeur de l'État, avant et
pendant la période communiste, et ce malgré la violence
exercée pour la maintenir durant la période soviétique. Le
terme « empire », qui désigne tant la Russie tsariste que
l'URSS, est utilisé dans de nombreux témoignages, par
exemple : « Nous avions un grand empire qui allait d'un
océan à l'autre, du cercle polaire jusqu'aux Tropiques. »
(p. 197) Le corollaire de cette idée est la nécessité d'un chef
fort, capable de défendre les frontières et de prouver la
grandeur de la Russie : « Le peuple, ce qu'il attend, ce sont
des choses simples. Des montagnes de pain d'épice. Et un
tsar ! [...] Par sa mentalité, dans son inconscient, notre pays
est un pays de tsars. C'est dans nos gênes. On veut tous un
tsar » (p. 151), s'exclame un témoin par ailleurs particulièrement favorable au socialisme.

Il n'est donc pas étonnant que la figure de Staline – considé-
rée un demi-siècle après sa mort tout de même ; peut-être
n'avait-elle pas le même éclat à l'époque de la terreur –
pointe dans plusieurs témoignages. Ce n'est pas réellement
de l'homme en tant que tel dont il est question, mais bien de
la figure d'autorité qui a accompagné plusieurs générations
de Soviétiques. À côté de phrases préconçues telles que
« "Staline a trouvé la Russie avec une charrue, et il l'a laissée
avec la bombe atomique" » (p. 310), on trouve des témoi-

gnages plus francs : « Nous évoquons l'époque soviétique. Vous comprenez ? Et les conversations se terminent toujours par "Aujourd'hui, c'est la chienlit [désordre, anarchie], il nous faudrait un Staline !" » (p. 317-318)

À l'inverse, Gorbatchev, l'homme qui a modifié le socialisme et a permis la transition vers l'économie de marché – et ses effets pervers –, est perçu comme un faible, un indécis cherchant le compromis : « Gorbatchev a abandonné le pouvoir sans verser de sang » (p. 151), dit un haut fonctionnaire socialiste, lui reprochant cette mollesse.

C'est ainsi le désenchantement qui règne en maitre dans tous les récits lorsqu'ils évoquent leur patrie aujourd'hui, devenue un État parmi d'autres et dont la puissance est désormais discutable. Il ne faut cependant pas oublier que ce désenchantement est multilatéral, causé par d'innombrables facteurs différents. La liberté de parole ne nourrit pas, hélas. On la rêve dans une société communiste mais, quand on a faim, on se souvient avec nostalgie de l'époque précédente...

PISTES DE RÉFLEXION

QUELQUES QUESTIONS POUR APPROFONDIR SA RÉFLEXION...

- Quelles sont les limites de l'objectivité voulue par l'auteure dans *La Fin de l'homme rouge* ?
- Svetlana Alexievitch se présente comme un pur produit de la société soviétique. Quels éléments de sa biographie corroborent cette idée ?
- Peut-on considérer Svetlana Alexievitch comme une auteure biélorusse, malgré le fait qu'elle soit née en Ukraine et écrive en russe ?
- Comment est décrite « l'âme russe » dans le livre ?
- Ivano-Frankivsk, la ville natale de Svetlana Alexievitch, a été incorporée à plusieurs États et régimes politiques différents depuis le début du XXe siècle. Lesquels ? Pensez-vous que cela ait pu avoir une influence sur ses habitants, en particulier sur l'auteure ?
- Dans quelle mesure le rôle de Staline dans l'histoire de l'URSS a-t-il été dénoncé puis réhabilité par l'historiographie soviétique ? Qu'en est-il actuellement ?
- On utilise parfois le mot « démocrature » pour parler de la Russie de Poutine. Que cache ce terme ?
- Que pensez-vous de la forme choisie par l'auteure, le témoignage, pour aborder les sujets qu'elle traite ?
- La vision du communisme qui se dégage de *La Fin de l'homme rouge* correspond-elle à l'image que l'on s'en fait en Occident ? Qu'est-ce qui vous a étonné dans ces témoignages ?

- Quels termes a utilisés le comité du prix Nobel pour récompenser l'auteure en 2015 ? Commentez.

POUR ALLER PLUS LOIN

ÉDITION DE RÉFÉRENCE

- ALEXIEVITCH S., *La Fin de l'homme rouge ou le Temps du désenchantement*, traduit du russe par Sophie Benech, Arles, Actes Sud, 2013.

ÉTUDES DE RÉFÉRENCE

- VANDENBORRE K., « Svetlana Alexievitch : à l'écoute de ceux pour qui le temps s'est arrêté… », in Temporalités, n° 22, 2015, consulté le 18 octobre 2016. https://temporalites.revues.org/3317

Retrouvez notre offre complète sur lePetitLittéraire.fr

- des fiches de lectures
- des commentaires littéraires
- des questionnaires de lecture
- des résumés

ANOUILH
- Antigone

AUSTEN
- Orgueil et Préjugés

BALZAC
- Eugénie Grandet
- Le Père Goriot
- Illusions perdues

BARJAVEL
- La Nuit des temps

BEAUMARCHAIS
- Le Mariage de Figaro

BECKETT
- En attendant Godot

BRETON
- Nadja

CAMUS
- La Peste
- Les Justes
- L'Étranger

CARRÈRE
- Limonov

CÉLINE
- Voyage au bout de la nuit

CERVANTÈS
- Don Quichotte de la Manche

CHATEAUBRIAND
- Mémoires d'outre-tombe

CHODERLOS DE LACLOS
- Les Liaisons dangereuses

CHRÉTIEN DE TROYES
- Yvain ou le Chevalier au lion

CHRISTIE
- Dix Petits Nègres

CLAUDEL
- La Petite Fille de Monsieur Linh
- Le Rapport de Brodeck

COELHO
- L'Alchimiste

CONAN DOYLE
- Le Chien des Baskerville

DAI SIJIE
- Balzac et la Petite Tailleuse chinoise

DE GAULLE
- Mémoires de guerre III. Le Salut. 1944-1946

DE VIGAN
- No et moi

DICKER
- La Vérité sur l'affaire Harry Quebert

DIDEROT
- Supplément au Voyage de Bougainville

DUMAS
- Les Trois
  Mousquetaires

ÉNARD
- Parlez-leur
  de batailles,
  de rois et
  d'éléphants

FERRARI
- Le Sermon sur la
  chute de Rome

FLAUBERT
- Madame Bovary

FRANK
- Journal
  d'Anne Frank

FRED VARGAS
- Pars vite et
  reviens tard

GARY
- La Vie devant soi

GAUDÉ
- La Mort du
  roi Tsongor
- Le Soleil des
  Scorta

GAUTIER
- La Morte
  amoureuse
- Le Capitaine
  Fracasse

GAVALDA
- 35 kilos d'espoir

GIDE
- Les
  Faux-Monnayeurs

GIONO
- Le Grand
  Troupeau
- Le Hussard
  sur le toit

GIRAUDOUX
- La guerre de
  Troie
  n'aura pas lieu

GOLDING
- Sa Majesté des
  Mouches

GRIMBERT
- Un secret

HEMINGWAY
- Le Vieil Homme
  et la Mer

HESSEL
- Indignez-vous !

HOMÈRE
- L'Odyssée

HUGO
- Le Dernier Jour
  d'un condamné
- Les Misérables
- Notre-Dame
  de Paris

HUXLEY
- Le Meilleur
  des mondes

IONESCO
- Rhinocéros
- La Cantatrice
  chauve

JARY
- Ubu roi

JENNI
- L'Art français
  de la guerre

JOFFO
- Un sac de billes

KAFKA
- La Métamorphose

KEROUAC
- Sur la route

KESSEL
- Le Lion

LARSSON
- Millenium 1. Les
  hommes qui
  n'aimaient pas
  les femmes

LE CLÉZIO
- Mondo

LEVI
- Si c'est un
  homme

LEVY
- Et si c'était vrai…

MAALOUF
- Léon l'Africain

MALRAUX
- La Condition humaine

MARIVAUX
- La Double Inconstance
- Le Jeu de l'amour et du hasard

MARTINEZ
- Du domaine des murmures

MAUPASSANT
- Boule de suif
- Le Horla
- Une vie

MAURIAC
- Le Nœud de vipères

MAURIAC
- Le Sagouin

MÉRIMÉE
- Tamango
- Colomba

MERLE
- La mort est mon métier

MOLIÈRE
- Le Misanthrope
- L'Avare
- Le Bourgeois gentilhomme

MONTAIGNE
- Essais

MORPURGO
- Le Roi Arthur

MUSSET
- Lorenzaccio

MUSSO
- Que serais-je sans toi ?

NOTHOMB
- Stupeur et Tremblements

ORWELL
- La Ferme des animaux
- 1984

PAGNOL
- La Gloire de mon père

PANCOL
- Les Yeux jaunes des crocodiles

PASCAL
- Pensées

PENNAC
- Au bonheur des ogres

POE
- La Chute de la maison Usher

PROUST
- Du côté de chez Swann

QUENEAU
- Zazie dans le métro

QUIGNARD
- Tous les matins du monde

RABELAIS
- Gargantua

RACINE
- Andromaque
- Britannicus
- Phèdre

ROUSSEAU
- Confessions

ROSTAND
- Cyrano de Bergerac

ROWLING
- Harry Potter à l'école des sorciers

SAINT-EXUPÉRY
- Le Petit Prince
- Vol de nuit

SARTRE
- Huis clos
- La Nausée
- Les Mouches

SCHLINK
- Le Liseur

SCHMITT
- La Part de l'autre
- Oscar et la
  Dame rose

SEPULVEDA
- Le Vieux qui
  lisait des romans
  d'amour

SHAKESPEARE
- Roméo et Juliette

SIMENON
- Le Chien jaune

STEEMAN
- L'Assassin
  habite au 21

STEINBECK
- Des souris et
  des hommes

STENDHAL
- Le Rouge et
  le Noir

STEVENSON
- L'Île au trésor

SÜSKIND
- Le Parfum

TOLSTOÏ
- Anna Karénine

TOURNIER
- Vendredi ou
  la Vie sauvage

TOUSSAINT
- Fuir

UHLMAN
- L'Ami retrouvé

VERNE
- Le Tour
  du monde
  en 80 jours
- Vingt mille
  lieues sous
  les mers
- Voyage au
  centre de
  la terre

VIAN
- L'Écume des jours

VOLTAIRE
- Candide

WELLS
- La Guerre des
  mondes

YOURCENAR
- Mémoires
  d'Hadrien

ZOLA
- Au bonheur
  des dames
- L'Assommoir
- Germinal

ZWEIG
- Le Joueur
  d'échecs

www.lepetitlitteraire.fr

ISBN version numérique : 978-2-8062-9043-4
ISBN version papier : 978-2-8062-9044-1
Dépôt légal : D/2016/12603/812

Conception numérique : Primento,
le partenaire numérique des éditeurs.

Made in the USA
Monee, IL
07 July 2026

56545197R00020